BEI GRIN MACHT SICH IHR WISSEN BEZAHLT

Personal und Organisation: Wandel der Organisationsstruktur, Weiterbildung & Mitarbeitergespräch

Ausführliches Feedback & Bewertungsbogen inklusive

Mark Dubinetskiy

Bibliografische Information der Deutschen Nationalbibliothek:

Die Deutsche Nationalbibliothek verzeichnet diese Publikation in der Deutschen Nationalbibliografie; detaillierte bibliografische Daten sind im Internet über http://dnb.d-nb.de abrufbar.

ISBN: 9783346759818
Dieses Buch ist auch als E-Book erhältlich.

Einsendeaufgabe

Alternative C

SRH Fernhochschule

Modul
Personal und Organisation

Studiengang
Bussinnes Administration (MBA)

Verfasser
Mark Dubinetskiy

Abgegeben am 21.08.2022

Inhaltsverzeichnis

Abbildungsverzeichnis

Tabellenverzeichnis

1 Aufgabe C1

Eine Kundenberatung dient als Grundlage für diese Aufgabe, in deren Rahmen wesentliche Teilbereiche der Weiterbildung genauer betrachtet werden, um dem Kunden eine Alternative zur Verlegung des Produktionsstandortes aufzuzeigen. Hierfür wird zunächst der Begriff „Weiterbildung" kontextuell eingeordnet und geklärt. Nachfolgend werden die Funktionen und Ziele der Weiterbildung beleuchtet und voneinander abgegrenzt, woraus sich im nächsten Schritt eine Beziehungsstruktur herauskristallisiert, deren Bestandteile im Einzelnen eruiert werden. In diesem Zusammenhang wird als Nächstes die „Make-or-Buy" Frage in den Raum gestellt, wobei Pro- und Contra Argumente für den Einsatz eines internen Trainers aufgeführt werden. Das Schlusslicht bildet hier die Analyse des Weiterbildungstransferproblems.

1.1 Weiterbildung

Zur Klärung des breitgefächerten Begriffs „Weiterbildung" ist zunächst eine kontextuelle Einordnung vorzunehmen, was eine solide Grundbasis für weitere Betrachtungen schaffen soll.

Berthel/Becker definieren hierzu ein Personalentwicklungssystem, wovon die Gesamtheit der Personalentwicklungsarten ein Kernelement bildet. Für unsere Betrachtung steht hierbei die Personalentwicklungsart „Bildung" im Vordergrund. Die Weiterbildung kann in diesem Zusammenhang als ein Teilaspekt davon verstanden werden und umfasst nach diesem Verständnis die Vermittlung von Fertigkeiten, die zum Erhalt, Erweiterung oder Verbesserung der Mitarbeiterqualifikation führt.[1]

1.1.1 Funktionen und Ziele

Nach der Begriffsklärung der Weiterbildung, führt der nächste Gedankenschritt zur Auseinandersetzung mit ihren Funktionen und Zielen.

Die folgende Abgrenzung zwischen Weiterbildungsfunktionen und Weiterbildungszielen stützt sich auf die Erkenntnisse von Pawlowsky/Bäumer und lässt sich anhand von bestimmten Kriterien vornehmen. Für die Erfassung der Weiterbildungsfunktionen, stellt man die Frage nach dem Ziel der Weiterbildung, man setzt sich also mit der Zweckdienlichkeit der Existenz einer konkreten Weiterbildungsmaßnahme im Unternehmen auseinander. Bei den Weiterbildungszielen beschäftigt man sich hingegen mit ihrer Konkretisierung und der spezifischen Erwartungshaltung an die Ergebnisse der Weiterbildung.[2]

---

[1] Vgl. *Berthel/Becker* (2013), S. 435-437.
[2] Vgl. *Pawlowsky/Bäumer* (1996), S. 11-13.

Die Verknüpfung zwischen Weiterbildungsfunktionen und Weiterbildungszielen wird dabei als Zweck-Mittel-Beziehung abgebildet. Da ein Ziel sowohl ein angestrebter Zustand als auch Mittel für übergeordnete Weiterbildungsfunktionen sein kann, spricht man hier von Zweck-Mittel-Hierarchien. Für eine saubere strukturelle Trennung der verschieden Funktion- und Zielebenen, wird für die betriebliche Weiterbildung nach **Primärfunktion**, **Nebenfunktion** und **Durchführungsziel** differenziert.[3]

1.1.1.1 Primärfunktion

Nach Witte ist der Charakter der Primärfunktion in erster Linie durch wirtschaftliches Interesse geprägt. Demzufolge verspricht sich das Unternehmen künftige Gewinne bzw. die Reduktion von Ausgaben als Resultat der Weiterbildung, wodurch Weiterbildungsaktivitäten im Bereich der Investitionen angesiedelt sind und nicht als Geschenk an die Mitarbeiter missinterpretiert werden sollen.[4]

1.1.1.2 Sekundärfunktionen

Neben der wirtschaftlichen Primärfunktion existieren nach Pawlowsky/Bäumer sowohl Nebenfunktionen als auch Sekundärfunktionen der betrieblichen Weiterbildung:[5]
Das Ziel der **Anpassungsfunktion** ist die fristgerechte Bereitstellung des erforderten Humankapitals für den Betrieb mittels gezielten Einsatzes von Weiterbildung. Mit Hinblick auf Rentabilität der Weiterbildungsmaßnahmen soll eine Optimierung stattfinden, wobei man eine Minimierung der Überbeschäftigung anstrebt und Mitarbeiterfertigkeiten an die neuen Anforderungen der Arbeitswelt angeglichen werden. Darüber hinaus soll der Weiterbildungsaufwand gegenwärtigen und imminenten Problemen entgegenwirken, dazu zählen u.a. ein Defizit an Arbeitskräften, mangelnde Auslastung und Ausfallzeiten im Betrieb. Mit der **Motivations- und Identifikationsfunktion** möchte man zum einen die Einsatzbereitschaft der Belegschaft steigern und zum anderen ihre Identifikationsbereitschaft mit dem Unternehmen fördern. Die Wirksamkeit der Weiterbildung und die daraus resultierende Erhöhung der Einsatzbereitschaft basiert auf Eröffnung neuer Perspektiven für die Mitarbeiter. Diese Perspektiven erstrecken sich über monetäre Anreize, Aufstieg in der Unternehmenshierarchie, Mitspracherecht, begünstigte Arbeitskonditionen bis hin zur Mitarbeitergewissheit in Bezug auf Sicherheit und Fortbestand ihrer Arbeitsstelle. Zusätzlich haben Weiterbildungen in diesem Bezug einen weiteren Zweck, nämlich die Vermittlung von unternehmensbezogenem Werten, Normen und Zielsetzungen, die vom Mitarbeiter

---

[3] Vgl. Pawlowsky/Bäumer (1996), S. 31-33.
[4] Vgl. *Witte (1962)*, S. 214.
[5] Vgl. *Pawlowsky/Bäumer* (1996), S. 31-33.

verinnerlicht werden sollen. Im weiterführenden Sinne soll dies zum einheitlichen sozialen Selbstverständnis im Unternehmen führen und somit zur Bindung an die Corporate Identity beitragen.

Zum Zwecke der Schaffung von Flexibilitätsspielräumen findet die **Flexibilisierungsfunktion** Verwendung. Die Weiterbildung übt dann insofern eine Mobilitätsfunktion aus, als dass stellenübergreifende Kompetenzen und Zusammenhänge vermittelt werden, wodurch das Unternehmen bei Umstellungsprozessen von der daraus resultierenden Mobilität profitieren kann. Die Flexibilität kann sich hier auf die Bereiche: Menge, Teile, Termine und Gestaltung beziehen.

Im Gegensatz zur Motivationsfunktion, die auf das Unternehmensinnere gerichtet ist, zielt die **Akquisitions- und Imagefunktion** auf die Kommunikation nach außen, so soll die betriebliche Weiterbildung für eine positive Wahrnehmung des Unternehmens in der Öffentlichkeit und auf dem Arbeitsmarkt sorgen. Folglich wird das Weiterbildungsportfolio des Unternehmens nach außen getragen, wodurch sein Weiterbildungsimage in der Außendarstellung geprägt wird, was wiederum attraktiv auf potenzielle Bewerber wirken kann. Die durch die Attraktivität gewonnene Positionierung kann ebenso zur Expansion der Arbeitgebermarke beisteuern.

Bei der **Gestaltungs- und Entwicklungsfunktion** wird die betriebliche Weiterbildung als Mittel zur Mitarbeiterermächtigung interpretiert, das bei der aktiven Unternehmensgestaltung zum Einsatz kommen soll. Das für die Förderung der Betriebspolitik erforderliche Wissen wird hierbei durch die Weiterbildungsmaßnahmen an die Mitarbeiter herangetragen. Die Weiterbildung dient hier entsprechend dem übergeordneten Zweck, eine fortlaufende Weiterentwicklung des Betriebes sicherzustellen.

1.1.2 Selbst- vs. Fremderstellung

Da Primär- und Sekundärfunktionen der Weiterbildung dem Kunden weitestgehend vermittelt wurden, stellt sich nun Frage nach der Wahl einer geeigneten Bezugsquelle für die Weiterbildung. Unterschieden wird nachfolgend zwischen der Selbst- und Fremderstellung der Weiterbildungsleistungen, wofür eine Pro- und Contra Betrachtung von internen Trainern bzw. Fachpersonen herangezogen wird.

Böckelmann/Mäder stellen zu diesem Zweck die Vorteile externer und interner Fachpersonen gegenüber. Die Vorteile der externen Trainerperson wird hier u.a. in der Möglichkeit gesehen, intern nicht vorhandenes Spezialwissen und Kompetenzen in das Unternehmen einfließen zu lassen und zeitgleich von neuen Perspektiven zu profitieren. Ebenso vorteilhaft wird hier das Nichtvorhandensein etwaiger zwischenmenschlicher Beziehungen gesehen, die das Urteilsvermögen der Lehrperson trüben und dadurch ihre professionelle Fassade beeinträchtigen könnten. Da keine langfristige geschäftliche Bindung mit der externen

Fachkraft eingegangen werden muss, wird hier zudem noch die Flexibilität als Vorzug aufgeführt. Die interne Trainerperson punktet in dieser Betrachtung hingegen mit dem unternehmensspezifischen Fachwissen, der relativ einfachen Beschaffung und Aussicht auf Fortbestand und Weiterentwicklung der Weiterbildungsthematik. Darüber hinaus kann die Expertentätigkeit zum Job Enrichment und Job Enlargement beitragen.[6] Unter Job Enrichment versteht man hierbei die Erweiterung des Arbeitsportfolios um Aufgaben, die mehr Verantwortung bzw. die Erhöhung des Verantwortlichkeitsgrades bei bestehenden Aufgaben erfordern und somit Entwicklungsmöglichkeiten generieren. Job Enlargement versteht sich als Ausweitung des Tätigkeitsspektrums, wobei das erweiterte Spektrum, Aufgaben gleicher Wertigkeit erfasst und keine zusätzliche Verantwortung nach sich zieht. Das Ziel hierbei ist die Ausgewogenheit des Arbeitsalltags und das dadurch begünstigte Lernen.[7]

Eine prägnante Darstellung der Pro- und Contra Argumente für den Einsatz einer internen Lehrperson, wird auch von Pawlowksy/Bäumer geboten:

Interner Trainer: Pro	Interner Trainer: Contra
• Referent kennt Firmenprobleme, Einfluss auf Lernziel möglich • Probleme können praxisnah erörtert werden • Vergleichsmöglichkeiten mit Kollegen der Firma • Teilnehmerkreis bestimmbar • Bessere Nacharbeit möglich (Transfer) • Persönlicher Kontakt mit Kollegen • Identifikation mit Firmenzielen • Weiterbildung für eigene Referenten • Termine besser planbar • Weiterbildungsmarkt zu intransparent • Flexiblere Teilnahme an Weiterbildung möglich	• Gewohnter Kreis, keine fremden/neuen Meinungen, Interpretationen und Lösungen von Problemen • Maßstäbe eventuell falsch, da eigene Kollegen (Sympathie/Antipathie) • Aufwand für Vorbereitung und Organisation • Kosten für Standardprogramme sind geringer • Mehr Störungen zu befürchten • Mögliche Störungen des Betriebsablaufs

Tabelle 1: Interner Trainer: Pro und Contra (Quelle: *Pawlowsky/Bäumer* (1996), S. 144)

1.1.3 Transferproblem

Anschließend soll der Kunde für das Transferproblem der Weiterbildung und seine möglichen Ursachen sensibilisiert werden.

Nach Kauffeld spricht man von einem Transferproblem, wenn die Weiterbildungsmaßnahmen nicht zum erwünschten Lerntransfer – also zur Umsetzung des Erlernten im eigenen Arbeitsumfeld – führen. Zu den Barrieren des Transfererfolgs einer Trainingsmaßnahme

---

[6] Vgl. *Bröckelmann/Mäder* (2018), S. 194-195.
[7] Vgl. *Bröckelmann/Mäder* (2018), S. 186.

zählen demnach alle Faktoren, die dem Lerntransfer sabotieren und somit den Nutzen der Weiterbildungsmaßnahme schmälern bzw. zunichte machen können. Die Bandbreite dieser Faktoren erstreckt sich über den **Teilnehmer** selbst, seine Motivation, das **Training** mit seiner Beschaffenheit bis hin zur **Arbeitsumgebung** des Weiterzubildenden, zu der auch Kollegen, Führungskräfte und mögliche Lernpaten gehören.[8]

Im Folgenden werden Lösungsansätze für die obengenannten Problemfelder aufgezeichnet. Erfolgsweisende Kriterien sollen hierbei dem Transferproblem entgegenwirken und damit den Lerntransfer weitestgehend fördern. In Bezug auf den Teilnehmer, spielt die **Erwartungsklarheit** eine Schlüsselrolle, dafür werden die Ziele des Trainings konkretisiert und die Eignung des Teilnehmers bestimmt. Ein weiterer ausschlaggebender Parameter ist die **Motivation zum Lerntransfer**, diese impliziert eine Vielzahl von Maßnahmen, welche zur Umsetzung des Erlernten antreiben. Hierzu zählen bspw. die Arbeit an einem Transferprojekt und ein Transfercoaching im Arbeitsumfeld anschließend an das Training. Beim Punkt Training richtet man das Augenmerk auf das **Transferdesign**, hier erwartet man in erster Linie Fallbeispiele mit Realitätsbezug. Zudem können Folgemodule für Erfahrungsaustausch und Unterstützung durch Lernpaten an dieser Stelle äußerst förderlich wirken. Zusätzlich profitiert man von einer gelungenen **Trainings-Arbeits-Übereinstimmung,** indem man ein maßgeschneidertes Training für die Teilnehmer schafft. Die Vorarbeit hierfür erfolgt über Analyse der Organisation und Aufgaben der Weiterzubildenden. Großer Wert wird auf relevante und realitätsbezogene Trainings in tatsächlichen Teamkonstellationen gelegt. Zuletzt wird die Arbeitsumgebung beleuchtet, in diesem Kontext ist **Unterstützung durch Kollegen und Vorgesetzte** enorm wichtig, diese kann sich in einem gemeinsamen Lerninteresse bzw. in Transfergesprächen manifestieren. Ebenso dienlich ist das Vorhandensein einer **persönlichen Transferkapazität** des Trainingsteilnehmers, welche mittels Erzeugung von Freiräumen und Zurverfügungstellung von Reflexionszeit durch Führungskräfte im Unternehmen realisiert werden kann.[9]

2 Aufgabe C2

Weiterführend wird im Rahmen der Kundenberatung eine Umstrukturierung der Aufbauorganisation des Unternehmens zur Steigerung der Wettbewerbsfähigkeit diskutiert. Dafür werden zu Beginn die Gründe für die Veränderungsnotwendigkeit dargelegt. Anschließend findet eine Gegenüberstellung der Ausprägungen der Ablauforganisationen statt, womit der Möglichkeitsraum für die Umstrukturierung beleuchtet wird. Basierend auf den daraus gewonnen Erkenntnissen wird eine geeignete Struktur bestimmt und die Schritte für

---

[8] Vgl. *Kauffeld* (2016), S. 28-29.
[9] Vgl. *Kauffeld* (2016), S. 140-141.

die Umgestaltung im Einzelnen dargelegt. Abschließend wird der Umgang mit potenziellen Gefahren im Restrukturierungsprozess geschildert.

2.1 Wandel der Organisationsstruktur

Nach Stolzenberg/Heberle ist der Wandel von Organisationen ein kontinuierlicher Prozess, der durch die sich ständig ändernde Welt vorangetrieben wird. Als treibende Faktoren werden hier bspw. die wirtschaftliche Globalisierung, die daraus resultierende internationale Konkurrenz, neue Gesetzeslagen und Rahmenbedingungen, Krisen und trendsetzende Innovationen aufgeführt. Folglich muss das Unternehmen Veränderungsprozesse auslösen, um den Ansprüchen des Marktes gerecht zu werden. Um solch tiefgreifende Veränderung zu realisieren, bedarf es demnach u.a. einer Veränderung auf der Aufbauorganisationebene.[10] Die nötigen Voraussetzungen für diese Veränderung sind bereits durch den selbsterhaltenden und erneuernden Charakter einer Organisation gegeben, der auf Autonomie, Zirkularität und Rekursivität basiert.[11]

2.1.1 Betrachtung des Möglichkeitsraums

Trotz der Vielfältigkeit der Ausgestaltungsmöglichkeiten einer Organisationsstruktur o.a. Wertschöpfungsstruktur, kristallisieren sich idealtypische Strukturmuster aus den realen Praxislösungen heraus. Diese Muster dienen dem Zweck, die Vielzahl der Einzellösungen in ein System einzuordnen und diese somit übersichtlich und verständlich darzustellen. Hierin werden sowohl die Ausprägung charakteristischer Gestaltungsparameter als auch Stärken und Schwächen der jeweiligen Struktur abgebildet. Diese idealtypischen Reinformen sind in der Unternehmenswelt nur rar gesät, in den Praxislösungen sind viel eher Modifikationen der Grundmodelle vorzufinden, durch die man die Reduktion ihrer modellspezifischen Schwächen und Kombination ihrer Stärken anstrebt. Die zuvor erwähnten Gestaltungsparameter bilden die Basis zur Abgrenzung der Strukturmuster. Der erste Parameter ist die **Struktur der Weisungsbeziehung**, die Ausprägung kann hier zum Einlinien-oder Mehrliniensystem gehen. Ein weiterer Parameter ist die **dominante Form der Aufgabenspezialisierung**, die Gliederung kann hier nach Verrichtung, Objekt oder Prozess erfolgen. Die **Verteilung der Entscheidungsaufgaben** ist der letzte Parameter, unterschieden wird hier zwischen Entscheidungszentralisation oder -dezentralisation.[12]

Eine Gegenüberstellung der diskutierten Strukturmuster mit Hinblick auf ihre wesentlichen Stärken und Schwächen lässt sich wie folgt abbilden:

---

[10] Vgl. *Stolzenberg/Heberle* (2021), S. 2.
[11] Vgl. *Morgan (206)*, S. 345.
[12] Vgl. *Bach, Brehm, Buchholz & Petry* (2017), S. 278.

Wesentliche Stärken	Wesentliche Schwächen
~~Funktionale~~ Organisation	• Spezialisierungs- und Mengenvorteile bei objektübergreifend gleichartigen Verrichtungen (Ressourceneffizienz)	• Geringe Marktorientierung (außer im Absatz) • Abteilungszäune (Prozesseffizienz)
Prozess-Organisation	• Sehr hohe Prozesseffizienz durch Prozessbündelung • Gute Marktorientierung durch End-to-End-Prozesse	• Zum Teil werden Ressourcen in unterschiedlichen Prozessen benötigt (Ressourceneffizienz)
Divisionale Organisation	• Sehr hohe Marktorientierung durch eigene Geschäftsbereiche	• Doppelarbeiten und oft suboptimale Ressourcenallokation (Ressourceneffizienz)
Matrix-Organisation	• Kombination der Stärken der Grundmuster (z.B. Marktorientierung von Divisionaler Organisation + Ressourceneffizienz von Funktionaler Organisation)	• Komplexität der Führung aufgrund von notwendigen Abstimmungen im Mehrliniensystem (Führungseffizienz)

Tabelle 2: Gegenüberstellung der idealtypischen Strukturmuster (Quelle: Eigene Darstellung in Anlehnung an *Bach et al*, 2017, S. 144)

2.1.2 Festlegung einer geeigneten Organisationsstruktur

Da die Umstrukturierung zum Zwecke der Steigerung der Wettbewerbsfähigkeit durchgeführt wird und das zu optimierende Unternehmen im Rahmen einer funktionalen Organisation aufgestellt ist, erschließt sich die Umstrukturierung zu einer Matrixorganisation als zukunftsträchtigster Weg.

Die klassische Matrixorganisation ist eine mehrdimensionale Wertschöpfungsstruktur mit gleichzeitiger Aufgabenausrichtung auf zwei Kriterien unterschiedlicher Art. Diese Organisationsart weist Intersektionen im Bereich der Weisungsbefugnisse zu nachfolgenden Ebenen auf und tendiert zur Entscheidungsdezentralisation. Die Mitarbeiter erhalten somit Anweisungen von zwei gleichgestellten Stellen. Der Vorteil dieser Struktur liegt vor allem in der Synergie, die bei dem Zusammenschluss von den Grundmodellen zum Tragen kommt. Hungenberg/Wulf legen den Grund für die Entstehung der Matrixorganisation folgendermaßen dar: „Die Matrixorganisation ist entstanden, um die Stärken der beiden eindimensionalen Organisationsformen zu kombinieren und ihre jeweiligen Schwächen zu vermeiden."[13] Bildet man also eine Struktur, die auf der dominanten Dimension verrichtungsorientiert/funktionsorientiert und auf der weiteren Dimension objektorientiert ist, profitiert man zugleich von Ressourceneffizienz und Marktorientierung. Die Objektdimension kann in diesem Szenario keine Entscheidungen ohne Abstimmung mit gleichberechtigten Instanzen treffen, wie es in der idealtypischen divisionalen Organisationsform der Fall ist, was

---

[13] *Hungenberg/Wulf* (2015), S. 201.

auf der einen Seite u.U. zu internen Blockaden und zusätzlichen Aufwänden führen kann. Auf der anderen Seite wird durch den ständigen Austausch, die Betrachtung diverser Perspektiven sichergestellt, was zur Ausschöpfung von Potenzialen für qualitativ hochwertige und wohldurchdachte Entscheidungen beiträgt. Hierdurch wird der Raum für kreative Neuerungen geschaffen, was sich wiederrum in positiver Weise auf die Unternehmensentwicklung auswirken kann.[14]

Wie bereits am Anfang dieses Kapitals eingeläutet, erscheint die Reorganisation zur Matrixorganisation nach Funktionen und Objekten in diesem Fall äußerst sinnvoll, da das Unternehmen sowohl weiterhin von der Ressourceneffizienz der funktionalen Organisation als auch der Marktorientierung der objektorientierten Dimension und daraus resultierender Wettbewerbsfähigkeitssteigerung profitieren kann. Nach dieser Reorganisation sollte das Strukturbild schließlich folgende Beschaffenheit aufweisen:

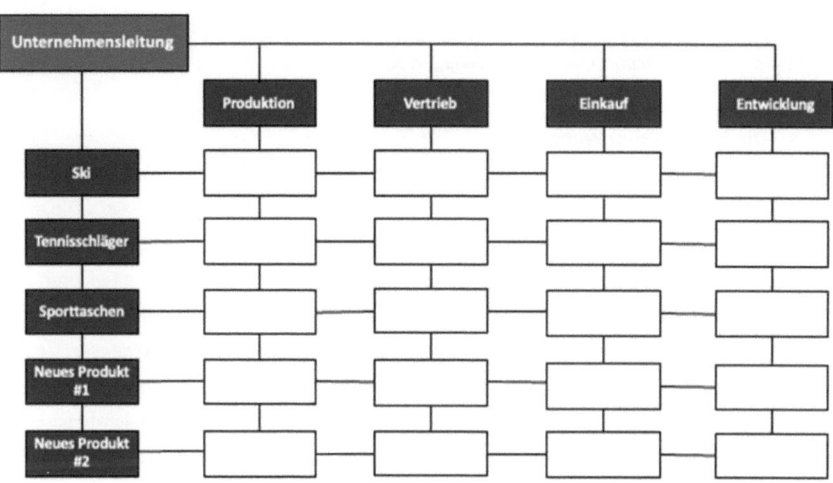

Abbildung 1: Matrixorganisation nach Funktion und Objekten (Quelle: Eigene Darstellung in Anlehnung an *Bach et al*, 2017, S. 296)

2.1.3 Strukturen des Wandels

Um die Organisationsstruktur nachhaltig zu verändern, bedarf es neben der Primärorganisation, die vorrangig das Tages- und Projektgeschäft vorantreibt, eine Sekundärorganisation die sich der Reorganisation widmet. Sie bildet das Fundament für den Wandel und besteht aus Lenkungsausschuss, Kernteam und Projektteam, die eine intensive reziproke Anbindung an die Primärorganisation sicherstellen. Die oberste Führungsebene der

---

[14] Vgl. *Bach, Brehm, Buchholz & Petry* (2017), S. 296-298.

Organisation sieht sich dabei in einem Balanceakt zwischen dem Ressourceneinsatz für die Restrukturierung und dem Aufrechterhalten des Betriebs mit allen dazugehörigen Prozessen, was simultan koordiniert werden muss, wobei daraus resultierende Widersprüche aufgelöst werden sollen.[15]

Der Organisationswandel findet zudem in mehreren Schritten statt, die über Projekte abgebildet werden. Die Arbeit an diesen Projekten wird i.d.r. hauptsächlich von den Akteuren der Sekundärorganisation verrichtet. Ein interdisziplinäres Team wird hierfür von einem Teamleiter mit Führungs- und Projektergebnisverantwortung gesteuert, der wiederrum Weisungen vom Lenkungsausschuss oder Leiter des Kernteams erhält. Eine weitere führende Rolle im Reorganisationsprozess spielt der Change Agent, der als Katalysator des Wandlungsprozesses betrachtet werden kann und ein breitgefächertes Aufgabengebiet verantwortet, zu dem bspw. die Initiierung und Begleitung von Veränderungsprozessen bzw. -phasen zählen. Seine Funktion dient dem Zweck, sämtliche Widerstände gegenüber der Reorganisation aufzulösen und Akzeptanz zu etablieren, was mittels gezielter Kommunikation und Einbindung der Mitarbeiter bewerkstelligt wird.[16]

2.1.4 Die Schritte zum Wandel

Nach Bach et al. gibt es fünf Phasen, die für einen erfolgreichen Wandlungsprozess unabdingbar sind, wobei jede Phase jeweils zwei Aufgaben bzw. Schritte impliziert. Die erste Phase ist **Initialisierung**, in diesem Schritt findet eine tiefgreifende Analyse statt um den Wandlungsbedarf festzustellen, entsprechend werden hier die erfolgsrelevanten Faktoren und Potenziale des Unternehmens identifiziert. Die gewonnen Erkenntnisse dienen als Grundlage, um die Führungskräfte und Mitarbeiter für die Dringlichkeit der Veränderung zu sensibilisieren. Im darauffolgenden Schritt werden die Wandlungsträger aktiviert, diese wandlungsfördernden personellen Kräfte sollen zum Vorhaben des Veränderungsverlaufs maßgeblich beisteuern und soziale Spannungsfelder bzw. Barrieren im Vorfeld diagnostizieren um die Planung entsprechend anzupassen. Die zweite Phase ist **Konzipierung**, hierin werden Wandlungsziele und Maßnahmen mit Hinblick auf Effektivität und Effizienz definiert, welche schließlich in ein umfassendes Sachkonzept gegossen werden, worin das Zielbild der modifizierten Prozesse und Strukturen enthalten ist. **Mobilisierung** ist die nächste Phase, ihr Ziel ist die Etablierung von Akzeptanz gegenüber dem angestrebten Wandel. Das in der vorherigen Phase erstellte Wandlungskonzept soll hier an die Belegschaft kommuniziert werden, um Wandlungsbereitschaft zu erhöhen, was ebenfalls mithilfe von angemessenen Anreizen und motivierenden Zielen erreicht werden kann. Dem folgt die Phase **Umsetzung**, wie in 2.1.3

---

[15] Vgl. *Bach et al.* (2017), S. 391.
[16] Vgl. *Bach et al.* (2017), S. 385-387.

beschrieben, werden hier die prioritären Vorhaben im Rahmen von Basisprojekten umgesetzt, die eine Grundlage für die Durchführung von Folgeprojekten bilden. Das Schlusslicht bildet die **Verstetigung**, die Wandlungsergebnisse sollen in dieser Phase zum festen Bestandteil des Arbeitsalltags werden. Die gewonnene Wandlungserfahrung kann hier darüber hinaus als treibende Kraft für kontinuierliche Veränderung genutzt werden, um Zukunftsfähigkeit zu erhöhen.[17]

2.1.4.1 Umgang mit Gefahren im Restrukturierungsprozess

Schreyögg/Geiger sehen zwei Arten von Barrieren im Prozess des organisatorischen Wandels. Widerstände aus der Person bilden die erste Barriere und finden ihren Ursprung in der menschlichen Natur, die gebildete Verhaltensgewohnheiten und Routinen äußerst ungerne ablegt und Ersterfahrungen tendenziell den Vorrang gibt, wodurch weitere Erfahrungen als Abweichung von der Norm interpretiert werden. Widerstände aus der Organisation sind die zweite Barriere, die auf kollektiven Orientierungsmustern und Normsystemen basiert, welche sich auf informellen Wegen entwickeln und ihre Wirkung unterbewusst entfalten. Ein weiterer Faktor, der zu Veränderungswiderständen führen kann, ist die Neuverteilung der Ressourcen, die Status- und Prestigehierarchien u.U. aufzulösen vermag und somit Bestandsprivilegien gefährdet. Darüber hinaus kann eine von außen getriebene Veränderungsinitiative als Gefahr empfunden werden, was zum Phänomen der strukturellen Trägheit führt, wobei das Unternehmen zu Ungunsten der Überlebenswahrscheinlichkeit des Unternehmens enorm viele Ressourcen für das Festhalten an den alten Strukturen mobilisiert. Als Lösung für beide Widerstandsarten wird die Implementierung von Diskussionsgruppen aufgeführt, wobei miteinbezogene Mitarbeiter selbst zu Akteuren in der Umstrukturierung werden und zur Lösungsfindungen beitragen, anstatt den Widerstand dafür zu bilden.[18]

3 Aufgabe C3

Abschließend soll der Geschäftsführung des zu beratenden Unternehmens das Instrument „Mitarbeitergespräch" erläutert werden. Zuerst wird hierfür der Begriff „Mitarbeitergespräch" geklärt und abgegrenzt. Danach werden Ziele, Inhalte und Phasen des Mitarbeitergesprächs aufgezeigt, worauf anschließend die kritischen Erfolgsfaktoren dieses Instruments herausgearbeitet werden. Im letzten Schritt findet eine Gegenüberstellung des Mitarbeitergesprächsverfahrens mit traditionellen Personalbeurteilungsverfahren statt.

---

[17] Vgl. *Bach et al.* (2017), S. 380-382.
[18] Vgl. *Schreyögg/Geiger* (2016), S. 361-369.

3.1 Mitarbeitergespräch

Nach Hofbauer/Winkler gilt zwischen anlassbezogenen Gesprächen mit Mitarbeitern und i.d.R. jährlich stattfindenden „Mitarbeitergesprächen" zu unterscheiden, die durch eine Struktur gekennzeichnet sind und die Basis für einen fortwährenden Austausch zwischen Führungskräften und Mitarbeitern bilden soll.[19] Dieses systematische Gespräch verfolgt mehrere Absichten, zum einen soll Anerkennung vermittelt und wahrgenommene Stärken und Schwächen aufgezeigt werden. Zum anderen soll der Führungskraft die Möglichkeit gegeben werden, Fluktuationsrisiko beim Mitarbeiter zu erkennen, um Gegenmaßnahmen rechtzeitig ergreifen zu können. Darüber hinaus bilden diese Gespräche die Grundlage für Zielvereinbarungen und zweckgerichteten Weiterbildungen für Mitarbeiter.[20]

3.1.1 Ziele

Nach Dahms beschränkt sich das Mitarbeitergespräch nicht auf die bloße Beurteilung des Mitarbeiters, sondern bietet eine Möglichkeit den Gesprächsbedarf des Mitarbeiters zu decken, beiderseitige Vorstellungen und Erwartungen zu kommunizieren und eine einheitliche Vorstellung von einer gemeinsamen Zukunft zu schaffen.[21] Die Verbesserung der Kommunikation durch Feedbackgespräche, wo beide Parteien ihre Wahrnehmung des jeweils anderen schildern können, wird ebenfalls als wichtiger Bestandteil des Mitarbeitergesprächs erachtet.[22]

Die Betrachtung der Ziele wird hier durch den Standpunkt von Becker erweitert, seinem Verständnis nach sind die Ziele des Mitarbeitergesprächs das Zurückspiegeln von Leistung und Verhalten an den Mitarbeiter, die Stärken-Schwächen-Analyse, die Identifikation von Mitarbeiterzielen- und Wünschen, die Klarstellung von Zielen und Aufgaben, die Analyse des Mitarbeiterpotenzials und die umfassende Betrachtung konkreter Weiterbildungsmaßnahmen.[23]

3.1.2 Inhalte

Die wesentlichen Inhalte eines Mitarbeitergesprächs werden von Brenner wie folgt dargelegt:[24] Die beidseitige Darlegung der eigenen Wahrnehmungen und Erwartungshaltungen ist der erste inhaltliche Baustein und zugleich eine tragende Säule für das Grundverständnis der Dynamik zwischen Führungskraft und Mitarbeiter in der heutigen Arbeitswelt. In dieser Betrachtung wird Bezug auf größtenteils obsolete Personalbeurteilungsverfahren wie bspw.

---

[19] Vgl. *Hofbauer/Winkler* (1999), S. 8.
[20] Vgl. *Rosenberger* (2017), S. 110.
[21] Vgl. *Dahms* (2008), S. 159.
[22] Vgl. *Wunderer* (2001), S. 338-340.

[23] Vgl. *Becker* (2005), S. 379.
[24] Vgl. *Brenner* (2020), S. 4-5.

Beurteilungsgespräche genommen, um einen Kontrast zu zeitgemäßen Herangehensweisen zu schaffen, wobei der Fokus klar auf dem partnerschaftlichen Ansatz des gegenseitigen Austauschs auf Augenhöhe gesetzt wird.

Der nächste inhaltliche Schwerpunkt des Mitarbeitergesprächs ist die Rückspiegelung von Wahrnehmung und Bewertung von Verhalten und Leistungen des Mitarbeiters. Dem Mitarbeiter wird hierdurch die Grundlage für Reflexion gegeben, worauf dieser ggf. Verhaltensänderungen vornehmen kann. Detailliertes Feedback inklusive konkreter Fallbeispiele begünstigt hierbei eine erfolgreiche Neuausrichtung des Feedbackempfängers.

Die Prüfung des Erreichungsgrades der gesetzten Ziele und Vereinbarung von zukünftigen Zielen auf Grundlage der Strategieziele des Unternehmens ist ebenfalls ein wichtiger Inhalt. Für ersteres wird hier vorausgesetzt, dass für den Zeitpunkt des aktuell anstehenden Gesprächs einst Ziele vereinbart wurden. Für das zweite gilt hier, Ziele für den Mitarbeiter zu definieren, die aus den strategischen Unternehmenszielen abgeleitet wurden.

Ein weiterer zu diskutierender Inhalt ist die Festsetzung von Maßnahmen zur Beseitigung von Defiziten und zur Steigerung der Qualifizierung des Mitarbeiters. Hierbei soll geklärt werden, welchen Erfordernissen der Mitarbeiter in naher Zukunft gewachsen sein muss, um den Anforderungen der aktuellen Arbeitswelt zu entsprechen. Basierend auf den daraus gewonnen Erkenntnissen werden anschließend geeignete Qualifizierungsmaßnahmen definiert.

Bei der Beleuchtung des Möglichkeitsraums für die Entwicklung des Mitarbeiters im Unternehmen steht die Perspektive und das Potenzial des Mitarbeiters im Vordergrund. In diesem Rahmen werden weiterführende Aufgaben für den Mitarbeiter diskutiert, wobei die Sichtweisen des Mitarbeiters und der Führungskraft zugleich berücksichtigt werden. Im Wesentlichen geht es in diesem Dialog um den Abgleich von Vorstellungen und das Aufzeichnen eines realistischen Szenarios für den künftigen Werdegang des Mitarbeiters.

Der letzte inhaltliche Punkt behandelt Feedback an die Führungskraft, hierbei liegt das Augenmerk auf dem wahrgenommenen Führungsverhalten und bestehenden Mitarbeitererwartungen an die Führung. In diesem Rahmen wird der Führungskraft die Möglichkeit zur Reflexion des künftigen Führungsstils gegeben.

3.1.3 Phasen

Brenner untergliedert das Mitarbeitergespräch in drei wesentliche Phasen. Die Erste befasst sich mit der Vorbereitung des Mitarbeitergesprächs, die Zweite umfasst das Führen des Gesprächs, die dritte und abschließende Phase deckt die Nachbereitung und Auswertung des Gesprächs.[25]

---

[25] Vgl. *Brenner* (2020), S. 11, S. 19, S. 33.

3.1.3.1 Vorbereitung

Nach Becker wird in der Vorbereitungsphase des Mitarbeitergesprächs nach organisatorischer und inhaltlicher Vorbereitung unterschieden. Ersteres impliziert Themen wie fristgerechte Terminplanung, Übereinkunft der Gesprächsparteien über den Rahmen des Gesprächs, wozu Zielsetzung, Inhalt, angesetzter Zeitrahmen, räumliche Umstände, Stimmungsklima und eine rechtzeitige Bekanntgabe des Gesprächstermins gezählt werden können.[26] Ebenso ist die Gesprächsstrategie ein Teil der organisatorischen Vorbereitungsphase, hier wird ein sinnbildlicher Fahrplan des Gesprächs mit Hinblick auf Ziele und Mittel zu ihrer Erreichung herausgearbeitet. Der besagte Fahrplan kann mithilfe gezielter Fragestellung entworfen werden und dient dem Gespräch als strukturgebendes Element. [27] Der inhaltliche Vorbereitungsteil behandelt mehrere Themenbereiche, eines davon ist die Detailbetrachtung von Anforderungen und Tätigkeiten des Mitarbeiters inklusive der Analyse von Aufgaben, Fähigkeiten und Verantwortungsgebiete. Ein weiterer Bereich ist die Leistungsanalyse, hier stehen abgesprochene Leistungsziele und erbrachte Arbeitsleistungen im Vordergrund. Bei der Verhaltensanalyse werden zudem Stärken und Schwächen des Mitarbeiters beleuchtet. In der Bedingungsanalyse werden Grad der Zielerreichung, Gründe für Abweichung und daraus resultierende Konsequenzen festgehalten. Die Zukunftsanalyse ist ebenfalls ein zu betrachtender Bereich, der sich mit nutzbringenden Verbesserungen und Neuerungen auseinandersetzt. Der letzte hier erwähnte Bereich widmet sich der Potenzialanalyse, wo Entwicklungsmöglichkeiten und Einsatzgebiete des Mitarbeiters eruiert werden.[28]

3.1.3.2 Durchführung

Eine erfolgreiche Durchführung des Mitarbeitergesprächs basiert nach Brenner auf sechs Gesprächsgrundsätzen. Die Schaffung einer guten Gesprächsatmosphäre ist der erste Grundsatz, hierbei soll sich die Führungskraft bewusst Zeit nehmen, um den Mitarbeiter auf das einzustimmen, welches dann im Rahmen eines partnerschaftlichen Dialogs auf Augenhöhe verlaufen soll. Der zweite Grundsatz setzt den Rahmen für das erfolgreiche Vermitteln von Kritik, was nur gepaart mit Wertschätzung ohne Ablehnung aufgenommen werden kann. So sollen im Kritikgespräch zunächst positive Verhaltensweisen aufgezeigt werden, bevor kritische Aspekte zur Sprache kommen, was erheblich zur Konstruktivität des Austauschs beiträgt. Die Betrachtung der Situation aus dem Augenwinkel des Mitarbeiters ist ebenfalls ein wichtiger Aspekt, durch diese Herangehensweise werden der Führungskraft Einblicke ermöglicht, welche eine Neubewertung der Sachlage ermöglichen. Der vierte Grundsatz ruft zur besonderen Achtsamkeit und Einfühlvermögen gegenüber dem Mitarbeiter

---

[26] Vgl. *Becker* (2005), S. 382.
[27] Vgl. *Brenner* (2020), S. 20-22.
[28] Vgl. *Becker* (2005), S. 382.

auf, so soll das Augenmerk besonders auf Mimik, Gestik und Intonation liegen, deren richtige Interpretation die Kommunikation zusätzlich unterstützt. Eindeutige Kommunikation ist ein weiterer Grundsatz: Aussagen mit Spielräumen für Interpretation sollen vermieden werden, damit keine Missverständnisse entstehen. Das Vermeiden von Schuldzuweisungen ist der abschließende Grundsatz, dieser gibt vor, von pauschalen Schuldzuweisungen abzusehen und stattdessen in Ich-Botschaften zu sprechen und den Blick nach in Richtung Lösungsfindung zu richten. [29]

3.1.3.3 Nachbereitung

Diese Phase umfasst Dokumentation und Kommunikation der Gesprächsergebnisse an z.B. Vorgesetzte, Personalabteilung oder Personalentwicklung, welche die Planung der im Gespräch festgelegter Maßnahmen durchführen kann. Diese Resultate können darüber hinaus als Grundlage für Teambesprechung dienen, um abteilungsbezogene Konsequenzen aus dem Gespräch zu ziehen.[30]

3.1.4 Kritische Erfolgsfaktoren

Aus der langjährigen Erfahrung von Nagel et al. im Consultingbereich haben sich konkrete erfolgskritische Faktoren für die Einführung des Mitarbeitergesprächs herauskristallisiert, der erste Faktor ist die ausreichende Informierung und Einstimmung der Mitarbeiter in Bezug auf Einführung und fortwährende Wiederholung im Jahresrhythmus. Darüber hinaus ist das Erkennen und Akzeptieren des zentralen Nutzens des Mitarbeitergesprächs für Mitarbeiter und Führungskräfte von immenser Bedeutung. Ebenso muss die Furcht vor Feedback zur Sprache gebracht und aufgearbeitet werden. Darüber hinaus greift die Einführung des neuen Verfahrens in gewohnte Autonomiespielräume zwischen Personen, sodass latente Konflikte offenbart und aufgelöst werden müssen. Ein weiterer Faktor ruft zur besonderen Profundität bei der Umsetzung aus, sodass Widerstände aus der Organisation möglichst vermieden werden. Bei der Durchführung des Gesprächs müssen die bewährten Grundsätze deshalb unbedingt befolgt werden.[31]

3.1.5 Gegenüberstellung mit traditionellen Personalbeurteilungsverfahren

Nach Breisig wird das herkömmliche Beurteilungsverfahren zunehmend durch das Mitarbeitergespräch abgelöst, ihre Unterschiede werden wie folgt dargestellt:[32]

---

[29] Vgl. *Brenner* (2020), S. 33-36.
[30] Vgl. *Reinhardt/Kunnig* (2016), S.97.
[31] Vgl. *Nagel/Oswald/Wimmer* (1998), S. 65.
[32] Vgl. *Breisig* (2001), S. 87.

Kriterium	Wesentliche Stärken	Wesentliche Schwächen
Philosophie	• Vergleich mit anderen • Von oben nach unten	• Partnerschaftlicher Dialog • Individuelle Analyse • Führungskraft als Berater
Ziele	• Ermittelt die Besten • Objektive Bewertung der Verhaltensbeobachtungen	• Vereinbarung mit individuellen Zielen • Individuelle Bedingungsanalyse der Zielerreichung
Methodik	• Feedback nur in eine Richtung • Vergleich mit einer anonymen Gruppe	• Feedback in beide Richtungen • Beobachtung des Einzelfalls • Analyse der Zielerreichung und -planung

Tabelle 3: Unterschiede zwischen konventioneller Beurteilung und Mitarbeitergespräch (Quelle: *Breisig* (2001), S.87)

Literaturverzeichnis

Bach, N./Brehm, C./Buchholz, W./Petry, T. (2017), Organisation. Gestaltung wertschöpfungsorientierter Architekturen, Prozesse und Strukturen, 2. Aufl., Wiesbaden.

Becker, M. (2005), Personalentwicklung. Bildung, Förderung und Organisationsentwicklung in Theorie und Praxis, 4. Aufl., Stuttgart.

Berthel, J/Becker, F.G. (2013), Personal-Management. Grundzüge für Konzeptionen betrieblicher Personalarbeit, 4. Aufl., Stuttgart.

Breisig, T. (2001), Personalbeurteilung - Mitarbeitergespräch - Zielvereinbarungen. Grundlagen, Gestaltungsmöglichkeiten und Umsetzung in Betriebs- und Dienstvereinbarungen, 2. Aufl., Frankfurt am Main.

Brenner, D. (2020), Mitarbeitergespräche souverän führen. Eine praxisorientiertes Manual für Führungskräfte, 2. Aufl., Wiesbaden.

Böckelmann, C/Mäder, K. (2018), Fokus Personalentwicklung. Konzepte und ihre Anwendung. 2. Aufl., Berlin.

Dahms, M. (2008), Motivieren, Delegieren, Kritisieren. Die Erfolgsfaktoren der Führungskraft, Wiesbaden.

Hofbauer, H./Winkler, B. (1999), Das Mitarbeitergespräch als Führungsinstrument. Handbuch für Führungskräfte und Personalverantwortliche, s.l.

Hungenberg, H./Wulf, T. (2015), Grundlagen der Unternehmensführung. Einführung für Bachelorstudierende, 5. Aufl., Berlin.

Kauffeld, S. (2016), Nachhaltige Personalentwicklung und Weiterbildung. Betriebliche Seminare und Trainings entwickeln, Erfolg messe, Transfer sichern, 2. Aufl., Berlin.

Morgan, G. (2006), Bilder der Organisation, 4. Aufl., Stuttgart.

Nagel, R./Oswald, M./Wimmer, R. (1998), Das Mitarbeitergespräch als Führungsinstrument. Ein Handbuch der OSB für Praktiker, Stuttgart.

Pawlowsky, P./Bäumer, J. (1996), Betriebliche Weiterbildung. Management von Qualifikation und Wissen, München.

Reinhardt, R./Kunnig, A. (2016), Studienbrief. SRH Fernhochschule – The Mobile University. Personalmanagement. Titel-Nr. 0656-04, 4. Aufl., Riedlingen.

Rosenberger, B. (2017), Modernes Personalmanagement. Strategisch – operativ – systematisch, 2. Aufl., Wiesbaden.

Schreyögg, G./ Geiger, D. (2016), Organisation. Grundlagen moderner Organisationsgestaltung. Mit Fallstudien, 6. Aufl., Wiesbaden.

Stolzenberg, K./Heberle, K. (2021), Change Management. Veränderungsprozesse erfolgreich gestalten – Mitarbeiter mobilisieren. Vision, Kommunikation, Beteiligung, Qualifizierung, 4. Aufl., Berlin.

Witte, E. (1962), Forschung, Werbung und Ausbildung als Investitionen. In: Ortlieb, H.-D. (Hrsg.), Hamburger Jahrbuch für Wirtschafts- und Gesellschaftspolitik, Tübingen, S. 210–226.

Wunderer, R. (2001), Führung und Zusammenarbeit. Eine unternehmerische Führungslehre, 4. Aufl., Köln.